Novena
SAN SIMÓN

Por Laila Pita

© Calli Casa Editorial, 2012
Yhacar Trust, 2021

Todos los derechos registrados. Prohibida la reproducción total o parcial de esta obra en todo su contenido: texto, dibujos, ideas e ilustraciones de portada, sin autorización por escrito.

www.solonovenas.com
#2500-812

UN POCO DE HISTORIA

San Simón o Maximón es adorado principalmente en Guatemala.

Hay diferentes versiones acerca de su existencia, una de ellas es que el "Santo Indígena" representa ni más ni menos el rechazo absoluto de lo impuesto religiosamente al indígena a través de su esclavitud de años. Imposición iniciada por los hispanos y continuada por los herederos de éstos, los ladinos.

Inventado por su necesidad el Maximón les "protege" no les discrimina, les "habla" en su idioma. Maximón no es reconocido por la iglesia.

Es comparado con Judas, el personaje Bíblico que se vendió por unas monedas de oro, para los indígenas Judas fue marginado en contra de quién representa la bondad y el amor. Ellos lo acogen como un "Santo" en el que pueden confiar. Se le prenden candelas de diferentes colores, con distinto significado dependiendo el color.

MILAGRO

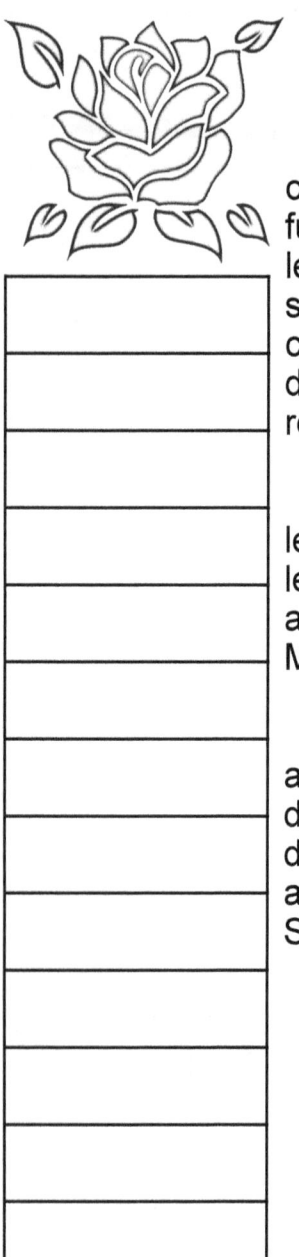

En Quetzaltenango, Guatemala Doña Micaela Juárez padecía de fuertes dolores estomacales, durante veinte años visitó varios doctores en busca de alivio, pero ninguno de ellos logró encontrar el remedio a su mal.

Su empleada doméstica Teodora Culajay, le habló de El Maximón y le ofreció traer un vaso de agua "de las piedras del Maximón".

Doña Micaela comenzó a tomar el agua y al poco tiempo fue sanando paulatinamente. Cuando estuvo completamente aliviada le guardó culto al Santo.

ORACIÓN DIARIA

Hermanito Maximón yo te pido la salvación, por eso he venido a tener contigo esta conversación. Ayúdame a mejorar mi suerte con tu magia perfecta. Libérame de todo lo que me afecta. Te entrego esta novena con todo mi corazón y prometo traerte: puros, tortillas y pañuelo, y encenderte candelas, para que mejore mi situación. San Simón tu buena energía hacía mí proyecta, para que tu ayuda llegue directa. Ni chamanes ni brujos pueden dar ayuda con tanta precisión. Querido Maximón permite que libre este asunto en cuestión.

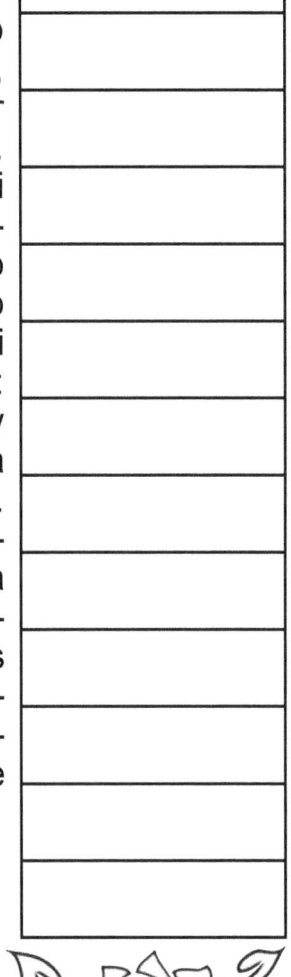

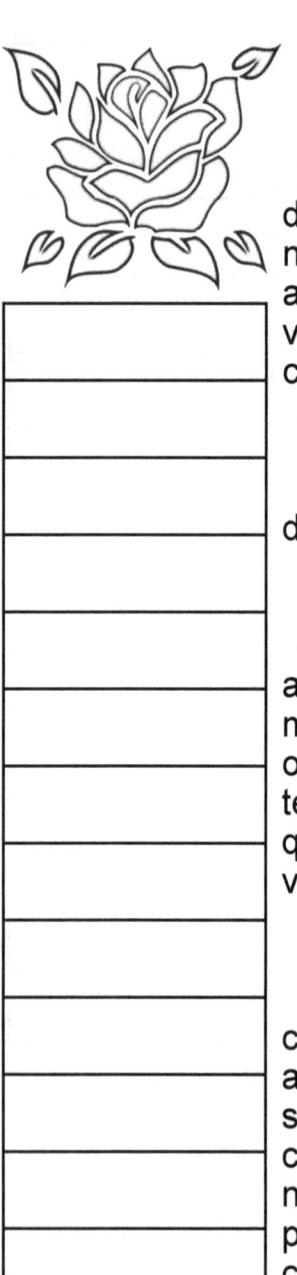

HAGA SU PETICIÓN

Aquí estoy hincado a tus pies. Con la luz de tus quinqués que no tienen comparación alumbra a este humilde feligrés que viene a hacerte esta petición.

Te ruego con todo mi corazón me concedas... (Se hace la petición)

Esto es un asunto de interés te suplico tu atención me des. Concédeme lo que te pido en esta ocasión y con tu divina protección me ayudes, para que seas tú siempre mi salvación.

Padre Nuestro, que estás en el cielo, santificado sea tu nombre; venga a nosotros tu reino; hágase tu voluntad, en la tierra como en el cielo. Danos hoy nuestro pan de cada día; perdona nuestras ofensas, como también nosotros

perdonamos a los que nos ofenden; no nos dejes caer en la tentación, y líbranos del mal. Amén.

Dios te salve, María, llena eres de gracia, el Señor es contigo. Bendita tú eres entre todas las mujeres, y bendito es el fruto de tu vientre: Jesús. Santa María, Madre de Dios, ruega por nosotros, pecadores, ahora y en la hora de nuestra muerte. Amén.

Gloria al Padre, al Hijo y al Espíritu Santo. Como era en el principio, ahora y siempre, por los siglos de los siglos. Amén.

DÍA PRIMERO

Prendo candelas en tu honor al venir a saludarte, esperando me escuches, hermano San Simón, con amor. Dame suerte en todo lo que haga para salir adelante. Escúchame hermanito en este instante. Limpia de malas vibras a mí alrededor. Haz que este día sea mejor que el anterior. Quiero ser en mi trabajo y en mi casa el más brillante. San Maximón tu poder es gigante. Ayúdame para que en adelante me vaya mejor. Recibe estas candelas con delicado olor, yo vendré a verte en forma constante.

Padre Nuestro, que estás en el cielo, santificado sea tu nombre; venga a nosotros tu reino; hágase tu voluntad, en la tierra como en el cielo. Danos hoy nuestro pan de cada día; perdona nuestras ofensas, como también nosotros perdonamos a los que nos

ofenden; no nos dejes caer en la tentación, y líbranos del mal. Amén.

Dios te salve, María, llena eres de gracia, el Señor es contigo. Bendita tú eres entre todas las mujeres, y bendito es el fruto de tu vientre: Jesús. Santa María, Madre de Dios, ruega por nosotros, pecadores, ahora y en la hora de nuestra muerte. Amén.

Gloria al Padre, al Hijo y al Espíritu Santo. Como era en el principio, ahora y siempre, por los siglos de los siglos. Amén.

DÍA SEGUNDO

Prendo una candela blanca para la protección de los niños, San Simón para que siempre reciban dirección. Protégelos con tus poderes para que no sean marginados. Con amor por otros sean mirados, que sean tratados con respeto, sin que tengan que ser rezagados en un rincón. Ponlos en buena posición. Danos la fuerza para proporcionarles los debidos cuidados. Que sean por tus candelas iluminados. Bendito San Maximón mantente vigilante en su habitación. Precioso Indígena de triste expresión, nunca permitas que por ti sean olvidados.

Padre Nuestro, que estás en el cielo, santificado sea tu nombre; venga a nosotros tu reino; hágase tu voluntad, en la tierra como en el cielo.

Danos hoy nuestro pan de cada día; perdona nuestras ofensas, como también nosotros perdonamos a los que nos ofenden; no nos dejes caer en la tentación, y líbranos del mal. Amén.

Dios te salve, María, llena eres de gracia, el Señor es contigo. Bendita tú eres entre todas las mujeres, y bendito es el fruto de tu vientre: Jesús. Santa María, Madre de Dios, ruega por nosotros, pecadores, ahora y en la hora de nuestra muerte. Amén.

Gloria al Padre, al Hijo y al Espíritu Santo. Como era en el principio, ahora y siempre, por los siglos de los siglos. Amén.

DÍA TERCERO

Prendo una candela amarilla, para que des protección a los necesitados. San Simón para que sean por ti mirados. Ayúdalos Bendito San Maximón para que tengan salvación. Inclúyeme a mí también en esta bendición. Te dedico esta novena y agradezco los beneficios esperados. Rogando que por ti ellos sean encontrados. San Simón adorado utiliza tu gran don y dales toda tu atención, para que la suerte llegue pronto a su corazón. Permite que aquellos que sufren, por ti sean invitados. Hermanito Maximón de ti vienen buenos resultados.

Padre Nuestro, que estás en el cielo, santificado sea tu nombre; venga a nosotros tu reino; hágase tu voluntad, en la tierra como en el cielo. Danos hoy nuestro pan de cada día;

perdona nuestras ofensas, como también nosotros perdonamos a los que nos ofenden; no nos dejes caer en la tentación, y líbranos del mal. Amén.

Dios te salve, María, llena eres de gracia, el Señor es contigo. Bendita tú eres entre todas las mujeres, y bendito es el fruto de tu vientre: Jesús. Santa María, Madre de Dios, ruega por nosotros, pecadores, ahora y en la hora de nuestra muerte. Amén.

Gloria al Padre, al Hijo y al Espíritu Santo. Como era en el principio, ahora y siempre, por los siglos de los siglos. Amén.

DÍA CUARTO

Hermanito San Simón prendo una candela roja para hacerte una petición. Pues parece que la suerte me abandona sin razón. Ayúdame para que vuelva con tu poder maravilloso. Adorado San Simón misterioso. Haz que pronto llegue a mí la satisfacción. Que todo lo malo quede en el pasado y me sirva como lección. Tú que siempre en lo que haces sales victorioso, ayúdame a limpiar este panorama nebuloso. Divino San Maximón yo te tengo admiración, ante aquél que es bueno tú haces aparición.

Padre Nuestro, que estás en el cielo, santificado sea tu nombre; venga a nosotros tu reino; hágase tu voluntad, en la tierra como en el cielo. Danos hoy nuestro pan de cada día; perdona nuestras ofensas, como también nosotros

perdonamos a los que nos ofenden; no nos dejes caer en la tentación, y líbranos del mal. Amén.

Dios te salve, María, llena eres de gracia, el Señor es contigo. Bendita tú eres entre todas las mujeres, y bendito es el fruto de tu vientre: Jesús. Santa María, Madre de Dios, ruega por nosotros, pecadores, ahora y en la hora de nuestra muerte. Amén.

Gloria al Padre, al Hijo y al Espíritu Santo. Como era en el principio, ahora y siempre, por los siglos de los siglos. Amén.

DÍA QUINTO

Prendo candela azul para los que buscan trabajo, querido San Simón, y pedirte que a encontrarlo les des buen atajo. Reverenciado Indígena tú que escuchas a todos con ternura, dales una respuesta segura. Tú que no haces distinción entre los de arriba y los de abajo, amarra la suerte en su refajo, para que encuentren una labor a su altura y que tengan buena ventura. San Maximón dales un caparazón como el del escarabajo, para protegerlos y no anden cabizbajos, ante la negativa sea su armadura. Padre Nuestro, que estás en el cielo, santificado sea tu nombre; venga a nosotros tu reino; hágase tu voluntad, en la tierra como en el cielo. Danos hoy nuestro pan de cada día; perdona nuestras ofensas, como también nosotros perdonamos a los que nos ofenden; no nos dejes caer en la tentación, y líbranos del mal. Amén.

Dios te salve, María, llena eres de gracia, el Señor es contigo. Bendita tú eres entre todas las mujeres, y bendito es el fruto de tu vientre: Jesús. Santa María, Madre de Dios, ruega por nosotros, pecadores, ahora y en la hora de nuestra muerte. Amén.

Gloria al Padre, al Hijo y al Espíritu Santo. Como era en el principio, ahora y siempre, por los siglos de los siglos. Amén.

DÍA SEXTO

Para que los pleitos se acaben prendo negra candela. San Maximón adorado protégenos de los altercados, en la casa, en el trabajo o en la escuela. Usa tu gran poder y cámbialos por sana armonía, que ésta impere de noche y de día. Cúbrenos con tu manto para que no entre el espanto, se tú el centinela. No permitas que la pelea deje secuela, ni mucho menos sea necesaria la policía. Adorado San Simón tú puedes ayudar a controlar esta energía. Con tu divina simpatía.

Padre Nuestro, que estás en el cielo, santificado sea tu nombre; venga a nosotros tu reino; hágase tu voluntad, en la tierra como en el cielo. Danos hoy nuestro pan de cada día; perdona nuestras ofensas, como también nosotros perdonamos a los que nos

ofenden; no nos dejes caer en la tentación, y líbranos del mal. Amén.

Dios te salve, María, llena eres de gracia, el Señor es contigo. Bendita tú eres entre todas las mujeres, y bendito es el fruto de tu vientre: Jesús. Santa María, Madre de Dios, ruega por nosotros, pecadores, ahora y en la hora de nuestra muerte. Amén.

Gloria al Padre, al Hijo y al Espíritu Santo. Como era en el principio, ahora y siempre, por los siglos de los siglos. Amén.

DÍA SÉPTIMO

Prendo candela morada para los vicios echar fuera, sean los míos o los de otro cualquiera. San Simón te ofrezco esta novena, para pedirte me ayudes a liberarme y mi alma no sienta pena. Te ruego hermanito que seas tú mi lumbrera, a todo el que te pide le haces la carga ligera. Judas Simón sé tú mi salvación, dame tu luz para sanar la ceguera que trae el alcohol o la droga y pesa como cadena. San Maximón te enciendo esta vela color berenjena, por tu ayuda buena.

Padre Nuestro, que estás en el cielo, santificado sea tu nombre; venga a nosotros tu reino; hágase tu voluntad, en la tierra como en el cielo. Danos hoy nuestro pan de cada día; perdona nuestras ofensas, como también nosotros perdonamos a los que nos

ofenden; no nos dejes caer en la tentación, y líbranos del mal. Amén.

Dios te salve, María, llena eres de gracia, el Señor es contigo. Bendita tú eres entre todas las mujeres, y bendito es el fruto de tu vientre: Jesús. Santa María, Madre de Dios, ruega por nosotros, pecadores, ahora y en la hora de nuestra muerte. Amén.

Gloria al Padre, al Hijo y al Espíritu Santo. Como era en el principio, ahora y siempre, por los siglos de los siglos. Amén.

DÍA OCTAVO

Prendo candela verde para que bendigas mi dinero, San Simón haz que dure hasta diciembre comenzando en enero. Que todo el año tenga casa y sustento, a tus mandatos estaré atento. Este puro fumo en tu honor Señor de hermoso sombrero. Con gusto dejo la ceniza en tu cenicero, para que protejas mi hogar y mi monedero. Judas Maximón venir a verte me llena de contento, porque sé que me ayudarás y eso me da aliento. Escucha Señor a este humilde viajero.

Padre Nuestro, que estás en el cielo, santificado sea tu nombre; venga a nosotros tu reino; hágase tu voluntad, en la tierra como en el cielo. Danos hoy nuestro pan de cada día; perdona nuestras ofensas, como también nosotros perdonamos a los que nos

ofenden; no nos dejes caer en la tentación, y líbranos del mal. Amén.

Dios te salve, María, llena eres de gracia, el Señor es contigo. Bendita tú eres entre todas las mujeres, y bendito es el fruto de tu vientre: Jesús. Santa María, Madre de Dios, ruega por nosotros, pecadores, ahora y en la hora de nuestra muerte. Amén.

Gloria al Padre, al Hijo y al Espíritu Santo. Como era en el principio, ahora y siempre, por los siglos de los siglos. Amén.

DÍA NOVENO

Prendo candelas en tu honor, para despedirme de ti, esperando hermanito San Simón me ampares con tu amor. Puro, tortillas y pañuelo a ti venerado Señor yo entrego, para que no te olvides de mí tus flores riego. Esta novena te rezo con fervor, para merecer tu gran favor. Antes de conocerte Maximón yo me sentía ciego y ahora que me has abierto los ojos tu poder no niego, por eso reverenciado gran Señor, te pido me permitas entregarte mi ofrenda y una flor.

Padre Nuestro, que estás en el cielo, santificado sea tu nombre; venga a nosotros tu reino; hágase tu voluntad, en la tierra como en el cielo. Danos hoy nuestro pan de cada día; perdona nuestras ofensas, como también nosotros perdonamos a los que nos

ofenden; no nos dejes caer en la tentación, y líbranos del mal. Amén.

Dios te salve, María, llena eres de gracia, el Señor es contigo. Bendita tú eres entre todas las mujeres, y bendito es el fruto de tu vientre: Jesús. Santa María, Madre de Dios, ruega por nosotros, pecadores, ahora y en la hora de nuestra muerte. Amén.

Gloria al Padre, al Hijo y al Espíritu Santo. Como era en el principio, ahora y siempre, por los siglos de los siglos. Amén.

ORACIÓN FINAL

Candela por los necesitados, candela por el dinero, candela por tu amor, de todos colores enciendo venerado San Simón lleno de candor. Ayúdame a alejarme de la tentación, dale a todos mis problemas solución. Llena mi vida de suerte, te lo pido con fervor, me concedas este gran favor. Reverenciado Judas Simón permíteme alcanzar tu bendición. Te rezo esta novena y te ofrezco puro, tortilla y pañuelo, por tu fina atención. Santo Señor me despido de ti con respeto y sin temor. Hermanito Maximón tú eres el mejor.

Padre Nuestro, que estás en el cielo, santificado sea tu nombre; venga a nosotros tu reino; hágase tu voluntad, en la tierra como en el cielo. Danos hoy nuestro pan de cada día; perdona nuestras ofensas, como también nosotros

perdonamos a los que nos ofenden; no nos dejes caer en la tentación, y líbranos del mal. Amén.

Dios te salve, María, llena eres de gracia, el Señor es contigo. Bendita tú eres entre todas las mujeres, y bendito es el fruto de tu vientre: Jesús. Santa María, Madre de Dios, ruega por nosotros, pecadores, ahora y en la hora de nuestra muerte. Amén.

Gloria al Padre, al Hijo y al Espíritu Santo. Como era en el principio, ahora y siempre, por los siglos de los siglos. Amén.

Papá Dios: que tu sabiduría nos guíe; que tu luz ilumine nuestro camino; que tu amor nos de paz; que tu poder nos proteja, y que por donde quiera que caminemos, tu presencia nos acompañe. Gracias Papá Dios que ya nos oíste. Amén.